Este livro pertence a...

....

Copyright © BPA Publishing Ltd 2020

Autora: Pip Reid

Ilustrador: Thomas Barnett

Diretor de Criação: Curtis Reid

www.biblepathwayadventures.com

Obrigado por apoiar a Bible Pathway Adventures®. Nossa série de aventuras ajuda os pais a ensinarem mais sobre a Bíblia aos seus filhos de uma forma divertida e criativa. Criada para toda a família, a missão da Bible Pathway Adventures é ajudar a levar o discipulado de volta aos lares ao redor do mundo. A busca pela verdade é mais divertida do que a tradição!

Os direitos morais de autor e ilustrador foram declarados, este livro é protegido por direitos autorais.

ISBN: 978-1-989961-35-3

O Nascimento do Rei

O Messias nasceu!

"Onde ele nasceu, o Rei dos Judeus? Porque nós vimos a sua estrela no Oriente e viemos adorá-lo."
(Mateus 2:2)

Em uma noite fria de inverno em Nazaré, a jovem hebreia Maria aquecia seus pés ao lado do fogo, quando um anjo de Deus apareceu na porta. Maria levantou a cabeça e levou um susto.

— Quem é você? — gritou ela. Maria nunca tinha visto um anjo antes!

— Não tenha medo — disse o anjo, cujo nome era Gabriel. — Deus está feliz com você. Você foi escolhida para ter um menino. O chamará de Yeshua e Ele será filho do Altíssimo!

— Mas como posso ter um bebê? — perguntou Maria. — Eu ainda não sou casada.

O anjo olhou para Maria e sorriu.

— Deus vai mandar Seu Espírito Santo para lhe dar este bebê.

Maria olhou para o anjo com os olhos arregalados, mais intrigada do que nunca.

— Lembra-se de sua prima Isabel? — continuou Gabriel. — Todos sabiam que ela não podia ter filhos, mas agora ela está grávida de seis meses. Com Deus, nada é impossível!

Na manhã seguinte bem cedo, Maria saltou da cama e correu para ver seu noivo, José. "Como direi a ele que vou ter um bebê?", pensou Maria enquanto atravessava o beco estreito a caminho da casa de José.

Respirando fundo, Maria abriu a porta.

— José, José — sussurrou ela. — Um anjo chamado Gabriel veio me ver. Ele me disse para não ter medo. Deus nos deu um bebê!

José arregalou os olhos. Um anjo tinha visitado Maria? Ela teria um bebê? Ele engoliu em seco e desceu a escada de madeira de sua cama.

— Mas Maria, ainda não somos casados — observou José. — Como isto poderia acontecer?

Você Sabia?

O anjo Gabriel disse à Maria para chamar seu filho de Yeshua, que significa 'salvação'. Seu nome completo é Yehoshua, que significa 'Deus é minha Salvação' em hebraico.

José ficou preocupado e passou a se revirar na cama todas as noites. Ele queria fazer a coisa certa e tomar conta de Maria, mas e se aquilo significasse mandá-la para longe? Nazaré era uma cidade pequena e José sabia que a notícia sobre o bebê de Maria se espalharia rápido. Ele não queria seus vizinhos falando mal dela. "Talvez eu deva terminar o noivado", pensou ele.

Enquanto José pensava nessas coisas, um anjo de Deus lhe apareceu num sonho.

— Não tenha medo de tomar Maria como sua esposa — disse o anjo. — O bebê que ela terá é fruto do Espírito Santo.

Ao acordar na manhã seguinte, José fez o que o anjo lhe dissera: ele fez de Maria sua esposa. José estava pronto para confiar no plano de Deus.

Mais tarde naquele ano, César Augusto — governante do poderoso Império Romano — ordenou um censo. Os romanos governavam a Judeia e o povo hebreu era obrigado a obedecer às leis severas de Roma. César queria saber quantas pessoas ele governava e de quantas poderia cobrar impostos. Afinal, havia muitas estradas para construir!

— Todos devem voltar para suas cidades natais e se registrar para o censo — anunciou César de seu palácio em Roma.

Como José era um descendente do rei Davi, ele teve que viajar para Belém, a cidade em que Davi cresceu. Mas Belém era muito longe, e Maria precisava chegar antes que o bebê nascesse. José arrumou suas malas, colocou Maria em um jumento e partiu pela estrada de terra rumo a Belém.

Você Sabia?

Os Romanos veneravam um deus solar chamado Sol Invictus (sol invicto). Todo ano, em 25 de dezembro, eles celebravam seu aniversário.

Depois de uma viagem longa, Maria e José finalmente chegaram ao portão de Belém, onde as pessoas os acolheram de braços abertos. "Shalom, shalom", gritavam elas. "Barukh haba! Sejam bem-vindos!" José sabia que as festas fixas de outono do Senhor estavam prestes a começar e que as casas logo estariam repletas de hóspedes. Eles precisavam encontrar um quarto logo. José caminhou, cansado, pelas ruas cheias em busca de uma hospedagem.

Lamparinas brilhantes iluminavam os lares de Belém. Fiapos cinzentos de fumaça se enroscavam pelos ares até o alto. José logo encontrou um lugar onde se hospedar. Como o quarto do andar superior estava ocupado, José e Maria receberam um lugar para dormir no andar de baixo, perto dos animais.

Maria sorriu e esfregou a barriga, grata por ter um lugar para ficar. Ela sentou-se no pátio, vendo as mulheres assando pães sobre o fogo crepitante. A Festa das Trombetas estava próxima e os aldeões tinham muito a fazer. Maria podia sentir a animação no ar.

Alguns dias mais tarde, Maria sentiu o bebê chutar dentro da sua barriga.

— Acho que o bebê está nascendo! — exclamou ela ansiosamente para as mulheres na casa.

Maria nunca tivera um bebê antes e não sabia o que esperar! As mulheres reuniram-se à sua volta, prontas para ajudar.

Naquela noite, nasceu o Messias em Belém. Para aquecer o bebê, Maria O envolveu em panos de linho e O colocou cuidadosamente na manjedoura dos animais, repleta de palha. Ela deu a Ele o nome de Yeshua, exatamente como o anjo instruíra.

José abraçou Maria e ficou admirando o bebê adormecido.

— Este bebê é um presente de Deus — disse José. Ambos sabiam que a Criança era muito, muito especial.

Você Sabia?

A Festa das Trombetas é uma das festas fixas do Senhor. Nela, um shofar é soado 100 vezes, e o último sopro é conhecido como 'Última Trombeta'. Nessa festa fixa os reis são anunciados ou ungidos.

Naquela noite, nas colinas perto de Belém, um grupo de pastores cuidava de suas ovelhas e cabras. De repente, um anjo de Deus apareceu acima deles com um clarão! Os pastores cobriram seus rostos e se afastaram, tropeçando para o meio dos arbustos. O que um anjo estava fazendo aqui?

— Não tenham medo — disse o anjo. — Eu tenho boas notícias, que trarão alegria a todos.

Os pastores continuaram escondidos entre os arbustos, prendendo a respiração. Eles ainda estavam assustados demais para se mexerem ou dizerem alguma coisa!

O anjo continuou:

— Hoje, em Belém, nasceu um bebê que é o Messias. Vocês o encontrarão envolto em panos e deitado numa manjedoura. Vão até ele.

De repente, o céu ficou iluminado com um exército de anjos louvando a Deus e cantando: "Glória a Deus! E na terra, paz e boa vontade entre os homens!"

Os pastores balançaram a cabeça de admiração.

— O que estamos esperando? — perguntaram finalmente uns aos outros. — Vamos ver o Messias!

Eles correram para Belém e encontraram a casa onde Maria e José estavam hospedados. O menino dormia profundamente na manjedoura, exatamente como o anjo havia dito.

Os pastores olharam para o bebê dormindo e disseram:

— Um anjo apareceu nos campos e nos disse que esta Criança era o Messias!

Os moradores se reuniram em torno deles para ouvirem atentamente. Eles passaram a vida toda esperando que o Messias viesse salvá-los dos Romanos, e agora Ele finalmente estava aqui!

Nessa época, havia outro reino grande e poderoso chamado Império Parta. Ele era tão grande que se estendia da Pérsia até o Rio Indo, no leste. Os romanos e os partas não se gostavam muito, e com frequência mandavam exércitos para lutar uns contra os outros.

Como o Império Parta era muito grande, os reis da Pártia tinham sacerdotes e nobres chamados Magos para ajudá-los na tomada de decisões. Os Magos eram muito importantes; eles até mesmo escolhiam os reis da Pártia! Por este motivo, eles eram chamados de "fazedores de reis".

Os Magos também eram astrônomos. Todas as noites, eles estudavam as estrelas e esperavam por um sinal de que o Messias havia chegado. Eles sabiam que Deus havia escrito Seu plano de salvação nos céus. Para os antigos hebreus, isso era conhecido como Mazzaroth.

Certa noite, um grande sinal apareceu no céu.

— Finalmente chegou! — gritou um dos Magos, apontando para o céu noturno acima dele.

Outros Magos correram até a janela e espreitaram na escuridão. Certamente era o sinal do qual o profeta Balaão havia falado nas Escrituras! Seus corações dispararam de emoção.

— Isso significa que o Salvador de Israel está aqui — disseram, os olhos grudados no céu. Eles sabiam que o nascimento do Messias era importante para as pessoas de todas as partes do mundo. — Vamos adorar ao nosso rei recém-nascido!

Mas os Magos teriam que esperar. A Judeia ficava longe e seria uma viagem longa e perigosa. Eles se reuniram e começaram a planejar sua grande aventura.

Você Sabia?
A ciência da astronomia moderna confirma que a escritura em Apocalipse 12 corresponde ao que os Magos viram no céu no momento do nascimento de Yeshua. (Apocalipse 12:1)

Muitos meses mais tarde, os Magos viajaram pelas estradas pedregosas em direção a Jerusalém. Já era verão e a Judeia estava quente como uma grande fornalha. Ladrões infestavam os campos, e os Magos estavam felizes por estarem com seus soldados.

Ao chegarem em Jerusalém, os Magos cavalgaram pelas ruas cheias rumo aos mercados.

— Onde está o recém-nascido Rei dos Judeus? — perguntaram eles. — Nós vimos a sua estrela no Oriente e viemos adorá-lo.

Multidões se reuniram nos becos e perto das barracas do mercado.

— Do que os partas estão falando? — murmuraram as pessoas, inquietas. — Por que eles vieram para Jerusalém?

Todos sabiam que os partas e os romanos eram grandes inimigos.

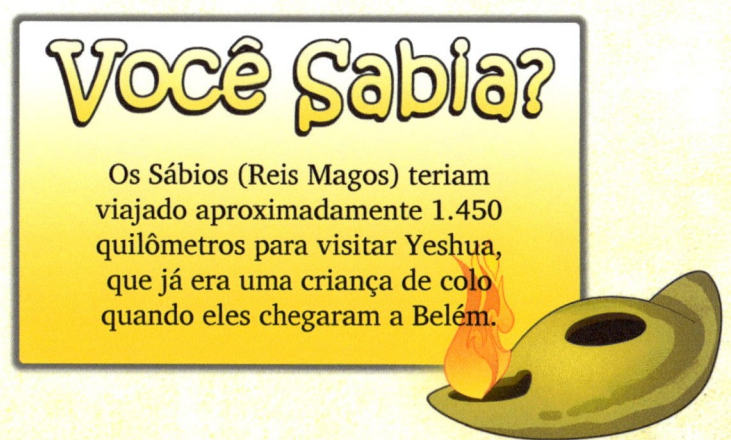

Você Sabia?

Os Sábios (Reis Magos) teriam viajado aproximadamente 1.450 quilômetros para visitar Yeshua, que já era uma criança de colo quando eles chegaram a Belém.

Naquela época, o rei Herodes era o governante da Judeia. Ele ficou furioso ao ouvir falar de um rei recém-nascido.

— Como esses Magos ousam perguntar por outro rei? — esbravejou ele, batendo com os punhos na mesa. — Eu sou o rei dos judeus!

Os Magos deixaram o rei Herodes nervoso. A Pártia era um império poderoso e os Magos eram pessoas muito importantes. César Augusto não ficaria feliz se ele começasse outra guerra. Ele convocou os principais sacerdotes e os professores da Torá ao seu palácio.

— Onde esse Messias deveria nascer? — perguntou-lhes Herodes.

— O profeta Miqueias disse que um rei especial nasceria em Belém — responderam.

Eles desenrolaram seus pergaminhos da Torá e mostraram-lhe as Escrituras, que diziam: "Mas tu, Belém Efrata, posto que pequena para estar entre os milhares de Judá, de ti é que sairá aquele que há de reinar em Israel".

O rei Herodes ergueu a mão para silenciar os sacerdotes. Ele já tinha ouvido o suficiente!

— Vão buscar esses Magos — ordenou ele. — Mandem que eles venham até mim.

Quando os Magos chegaram, Herodes perguntou-lhes:

— Quando foi que esse sinal apareceu?

Mas os Magos sabiam que o rei Herodes era astuto como uma raposa. Eles trocaram olhares e responderam com muito cuidado.

O rei Herodes tamborilou com os dedos no seu trono.

— Vão até esse rei recém-nascido — disse ele, indicando com a mão na direção de Belém. — Me avisem quando o encontrarem. Também quero adorar a ele.

Mas o perverso rei Herodes não queria adorar a Yeshua; ele queria matá-lo. Herodes acreditava que existia apenas um rei dos judeus, e esse rei era ele!

Do lado de fora do palácio, os Magos olharam para o céu estrelado da noite. Uma estrela brilhante cintilou sobre Belém, mostrando-lhes o caminho.

— Vamos continuar seguindo este grande sinal! — disseram, entusiasmados.

Os Magos montaram em seus cavalos e trotaram pelas ruas da cidade em direção ao campo aberto. Eles mal podiam esperar para ver o tão aguardado Messias.

Nos campos, os pastores olhavam de queixo caído os Magos passando, apressados.

— Por que os partas estão aqui? — perguntavam uns aos outros. Os soldados de aparência feroz os deixavam nervosos. — Eles vieram para ver o jovem Yeshua?

Os Magos seguiram a estrela até que ela apareceu acima da casa em Belém onde o jovem Yeshua estava hospedado. Eles saltaram de seus cavalos e correram para dentro da casa.

— Deus seja louvado; é de fato o Messias — disseram, ajoelhando-se diante de Yeshua.

Com as mãos trêmulas, eles abriram seus sacos e entregaram valiosos presentes de ouro, incenso e mirra.

Mas os Magos não ficaram por muito tempo; Deus os avisara para que não retornassem ao Rei Herodes. Antes que o rei pudesse encontrá-los, os Magos correram de volta para a Pártia o mais rápido que seus cavalos conseguiam galopar.

Naquela noite, um anjo de Deus apareceu para José em um sonho.

— José, você corre grande perigo. Levante-se agora mesmo e leve sua família para o Egito. Fique lá até que eu lhe diga para ir embora. Herodes quer matar a Criança.

José sacudiu Maria suavemente.

— Acorde — sussurrou ele. — Precisamos fugir antes que o rei Herodes nos encontre e mate Yeshua. Deus quer que viajemos para o Egito.

Maria concordou, mas estava com um aperto no estômago. O que será que Deus havia planejado agora?

Eles rapidamente arrumaram seus pertences e saíram de fininho da casa, para as ruas de Belém. Um cachorro latiu de algum lugar. A cidade estava escura e deserta. O Egito era muito longe, mas Maria e José sabiam que Deus cuidaria deles.

Você Sabia?

O rei Herodes era de descendência árabe, não judaica. Apesar de ser chamado de rei da Judeia, ele recebeu esse título de Roma, não dos israelitas.

Quando o rei Herodes soube que os Magos tinham sumido, ficou louco de raiva. Ele andou de um lado para o outro, agitando os punhos furiosamente.

— Como os Magos ousam voltar para a Pártia? — trovejou. — Fui enganado!

Herodes convocou seus generais.

— Vão até Belém e matem todos os meninos com menos de dois anos de idade — ordenou. — Destruam esse suposto rei. O quero morto!

Mas era tarde demais. José e Maria já tinham partido para o Egito com a Criança. Levaria um tempo até que eles pudessem ver sua pátria novamente, mas Yeshua estava a salvo. Mal sabiam eles que isso era tudo parte do maravilhoso plano de Deus para devolver Seu povo ao Reino de Israel.

FIM

TESTE SEU CONHECIMENTO!
(Combine a pergunta com a resposta na parte inferior da página)

PERGUNTAS

Qual nome Gabriel mandou Maria dar ao seu filho? ....

Quem pediu um censo do mundo romano? ....

Por que Maria e José viajaram até Belém para o censo? ....

Em que cidade nasceu Yeshua? ....

Quem era o rei da Judeia naquela época? ....

Para quem apareceram anjos nos campos? ....

Onde o profeta Miqueias disse que o Messias nasceria? ....

Quantos Magos (Sábios) visitaram Yeshua depois que Ele nasceu? ....

O que o rei Herodes fez depois que os Magos o enganaram? ....

Para qual terra José, Maria e Yeshua fugiram? ....

RESPOSTAS

1. Yeshua
2. Imperador Augusto
3. Eles eram descendentes de Davi de Belém
4. Belém
5. Herodes (o Grande)
6. Pastores
7. Belém
8. A Bíblia não diz
9. Mandou matar todos os meninos com menos de dois anos de idade em Belém
10. A terra do Egito

Complete o caça-palavras

MANJEDOURA NAZARÉ
JOSÉ MARIA
HERODES MESSIAS
ANJO MAGOS
BELÉM PASTORES

```
A N J O B H R S J M
M W A C U E K A O A
I E U Z W A L D S N
N M S H A V D É É J
F H A S X R E Z M E
N K W G I T É W Y D
J Y G F O A E W S O
M A R I A S S O Z U
P A S T O R E S Q R
Q T H E R O D E S A
```

Bible Pathway Adventures®

Engolido por um peixe

Enfrentando o gigante

Fuga do Egito

Naufragado!

O Êxodo

Lançado aos leões

A traição ao Rei

O Rei ressuscitado

Vendido como escravo

Salvo por uma jumenta

A bruxa de Endor

Estrada para Damasco

Batalha de Jericó

Descubra mais histórias bíblicas da Bible Pathway Adventures!

Confira os livros de atividades da Bible Pathway Adventures

  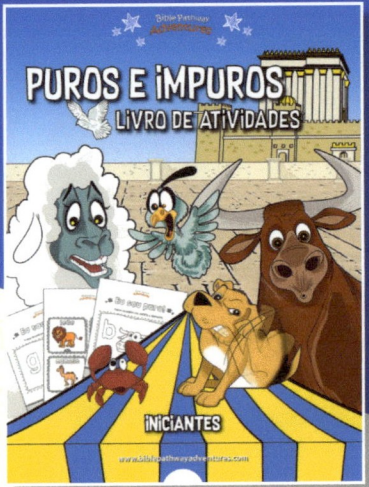 

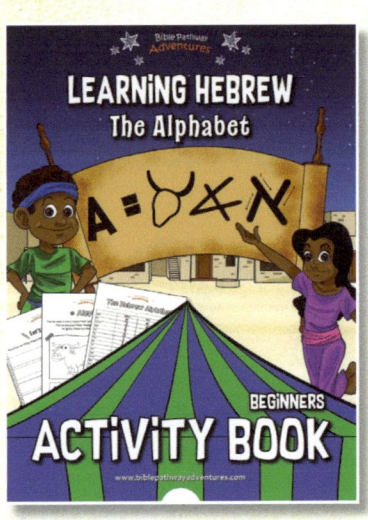 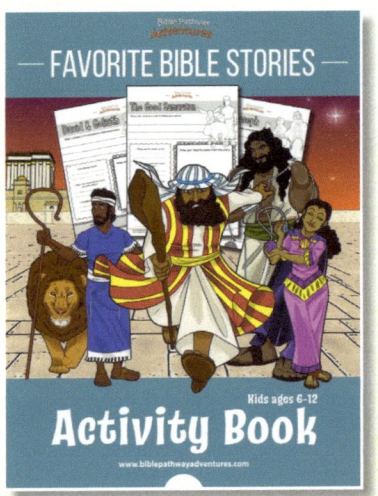  

VISITE

www.biblepathwayadventures.com

www.ingramcontent.com/pod-product-compliance

Lightning Source LLC
Chambersburg PA
CBHW040319100526

4483CB00004BB/151